EXPOSÉ DES TITRES

ET

TRAVAUX SCIENTIFIQUES

In 27
38186

EXPOSÉ DES TITRES

ET

TRAVAUX SCIENTIFIQUES

BIBLIOTHÈQUE NATIONALE R.F. IMPRIMÉS

DU

Dr VASLIN (d'Angers)

ANGERS

IMPRIMERIE LACHÈSE ET DOLBEAU

4, rue Chaussée-Saint-Pierre, 4

1888

TITRES

1863. Externe de l'Hôtel-Dieu d'Angers.

1864. Préparateur de chimie à l'École de Médecine d'Angers.

1865. Interne titulaire de l'Hôtel-Dieu d'Angers.

— Lauréat de l'Administration de l'Hôtel-Dieu et des hospices d'Angers.

1866. Externe des hôpitaux de Paris.

1867. Interne titulaire des hôpitaux de Paris.

1870. Désigné, par le Gouvernement de la Défense nationale, pour conserver les fonctions d'interne à l'hôpital des cliniques pendant la guerre franco-allemande.

1871. Docteur en médecine.

1872. Membre de la Société de médecine d'Angers.

— Lauréat de la Société de chirurgie.

1873. Lauréat de l'Institut.

— Professeur suppléant des chaires de chirurgie à l'École de Médecine d'Angers.

— Médecin adjoint des hospices d'Angers.

1886. Inscrit, par suite d'un vote de l'Académie de Médecine, sur la liste des candidats au titre de membre correspondant national, dans la deuxième division. Séance du 19 janvier.

ENSEIGNEMENT

Cours officiel sur les plaies par armes à feu, à l'École de Médecine d'Angers, 1874 à 1876.

Cours officiel de médecine opératoire à l'École de Médecine d'Angers, de 1876 à 1882.

Discours prononcé à la rentrée de l'École de Médecine, en novembre 1878.

TRAVAUX SCIENTIFIQUES

PATHOLOGIE MÉDICALE

Diphtérie : son traitement. — Compte rendu des résultats obtenus par le traitement que M. le Dr Bergeron, l'éminent secrétaire perpétuel de l'Académie, institua dans son service à l'hôpital Sainte-Eugénie, en 1869.

(Publié in-extenso dans la *Gazette des hôpitaux*, 1870, par M. Vaslin, interne du service, et reproduit dans une brochure offerte à l'Académie de Médecine.)

La base du traitement fut l'emploi du cubèbe et des balsamiques, comme agents destinés à supprimer la sécrétion pseudo-membraneuse sur les muqueuses des organes, où elle se produit plus spécialement : le pharynx et le larynx. Comme adjuvants pouvant faciliter le rejet des fausses membranes, on eut recours aux évacuants choisis parmi les moins déprimants : ipéca et sulfate de cuivre. Lorsque les évacuants, unis à la médication cubébique et balsamique, ont été impuissants à dissoudre et expulser les produits diphtériques accumulés dans le larynx, la trachéotomiea été pratiquée. Alors la trachéotomie à procédé rapide, aidée du cubèbe et de l'alcool, ont été les trois facteurs à l'aide desquels on a lutté contre le croup et ses complications. L'asphyxie étant combattue par l'ouverture rapide de la trachée. n'était-il pas rationnel de réunir contre la diphtérie deux forces médicatrices destinées l'une à tarir la sécrétion pseudo-membraneuse, pendant que l'autre fournit à l'économie les moyens de résister à l'intoxication? Quarante-deux cas ont été soumis à ce traitement, dont huit angines et trente-quatre croups. On a obtenu vingt guérisons.

PATHOLOGIE CHIRURGICALE

1. *Études sur les plaies par armes à feu.*

(Un volume in-8°, accompagné de 62 figures dessinées d'après nature. Ouvrage couronné par la Société de Chirurgie et par l'Institut (Académie des Sciences.)

Chargé spécialement, pendant les deux sièges de Paris, 1870-1871, du service de l'hôpital des cliniques, que dirigeait l'éminent professeur Richet, et de plusieurs autres ambulances où les chirurgiens les plus distingués de la capitale étaient appelés à donner leurs soins, M. Vaslin a pu mettre à profit les nombreux et importants documents soumis à son examen. Il les a réunis dans un travail formant un traité clinique presque complet des blessures de guerre. On y trouve 118 observations et 62 figures, où chaque lésion vasculaire, osseuse et articulaire est décrite, et le traitement qu'elle comporte, discuté et motivé.

Les blessures des cavités viscérales, dont la publication avait été ajournée, ont été l'objet de recherches récentes, surtout au point de vue de leur thérapeutique. Bénéficiant des progrès de la chirurgie depuis

1872 et de leur heureuse application dans sa pratique, l'auteur a pu formuler des conclusions précises : 1° sur l'emploi de la trépanation dans les traumatismes de la boite crânienne ; 2° sur l'usage de la laparatomie avec résection et suture de l'intestin dans les perforations traumatiques de cet organe par projectile. Les blessures des cavités viscérales seront l'objet de deux chapitres nouveaux dans la seconde édition de cet ouvrage, devant paraître prochainement.

2. *Trépanation : ses indications dans les complications tardives des lésions traumatiques du crâne.*

(Mémoire lu au Congrès français de chirurgie, session de 1886, à la Société de Medecine d'Angers, 1887. *Bulletin du Congrès de chirurgie et de la Société de médecine.*)

Dans les traumatismes du crâne, l'emploi de la trépanation et son opportunité sont diversement appréciés ; on ne saurait donc trop mettre en évidence les faits propres à guider le chirurgien. Analysant trois cas de trépanation tirés de sa pratique, dont deux ont été suivis de succès, l'auteur termine son travail par les conclusions suivantes :

1° Pour les lésions traumatiques du crâne, il faut être très réservé dans son pronostic au début, même dans les cas d'apparence bénigne ;

2° Le blessé doit être tenu en observation constante ;

3° Il faut agir promptement et sans hésitation quand les premiers symptômes d'une phlegmasie encéphalique se déclarent ;

4° Alors la trépanation, appliquée à temps, produit les plus heureux résultats.

3. *Trépanation de l'apophyse mastoïde : ses indications et son lieu d'élection dans les suppurations de l'oreille moyenne, propagées aux cellules mastoïdes.*

(Mémoire communiqué à la Société de Médecine d'Angers, 1882, reproduit avec figure et offert à l'Académie de Médecine, en 1884)

Quand la suppuration de l'oreille moyenne s'est étendue aux cellules de l'apophyse mastoïde et qu'il y a menace d'accidents encéphaliques, hémorragiques et septicémiques, par rétention du pus dans ces cavités, il est urgent d'intervenir et de trépaner. Le lieu d'élection, où l'on doit agir, s'obtient mathématiquement par le tracé des deux lignes suivantes : Une première ligne verticale est menée du sommet à la base de l'apophyse mastoïde, en passant à un centimètre en arrière de l'insertion du cartilage de la conque à l'orifice du conduit auditif; une deuxième ligne horizontale est dirigée le long du bord supérieur du conduit auditif, à la rencontre de la précédente. Le point d'intersection est l'endroit où doit être fixée la pointe de la tréphine. A l'appui de ce procédé, l'auteur relate le succès remarquable qu'il a obtenu.

4. *Leçons sur la cataracte professées, en 1867, à l'hôpital Saint-Louis, par M. Em. Foucher, professeur agrégé à la Faculté de Médecine, chargé du cours complémentaire d'ophtalmologie, recueillies et publiées par MM. Bousseau et Vaslin, internes des hôpitaux.*

(Ouvrage in-8° avec figures, offert à l'Académie de Médecine.)

M. le Dr Foucher fut enlevé à la science au moment où il se disposait à publier ses leçons sur la cataracte.

MM. Bousseau et Vaslin ont tenu à réaliser le vœu de leur savant maître. Les parties qu'il avait eu le temps de revoir ont été scrupuleusement conservées, et pour le reste, les élèves ont la conscience d'avoir reproduit exactement l'enseignement du professeur. Cet ouvrage est une monographie complète des opacités cristalliniennes, comprenant leur étiologie, leur diagnostic et leur traitement.

C'est au Dr Foucher qu'appartient l'idée de *l'extraction cornéale à petit lambeau, sans iridectomie, avec le couteau de de Graefe.* Ce procédé, dont la supériorité a été démontrée à la Société de Médecine d'Angers, par M. Vaslin, qui l'avait employé avec succès sur deux cataractes, est aujourd'hui accepté de préférence aux autres. Depuis cette époque, M. Vaslin l'a appliqué avantageusement dans 168 cas.

5. *Sarcôme de la choroïde*

Présentation à la Société de Médecine d'Angers, le 4 juin 1877, d'un œil gauche récemment enlevé, pour un sarcôme de la choroïde. La tumeur soulève la rétine et la refoule en avant. L'examen micrographique pratiqué par MM. Galowski, de Paris, et Fontan, de Toulon, a révélé tous les éléments caractéristiques de cette variété de tumeur maligne intra-oculaire. Bien que l'énucléation de l'œil n'ait été faite qu'à la fin de la période glaucomateuse, alors que la dégénérescence était visible dans le champ pupillaire et sur le point de rompre la sclérotique, il n'y a pas eu de récidive jusqu'à présent, c'est-à-dire depuis onze ans. On sait que l'ablation du globe oculaire est conseillée dès le début du sarcôme, quand il n'est appréciable qu'à l'ophtalmoscope et qu'il est parfois permis d'hésiter sur sa nature. Or ce fait prouve, que la grave opération nécessitée par cette affection, peut encore être exécutée avec les plus grandes chances de guérison, quand le mal a dépassé la première période, que les éléments d'un diagnostic certain apparaissent à l'œil nu et que la sclérotique est demeurée intacte.

6. *Cou et aisselle. Extirpation des tumeurs ganglionnaires, de nature scrofulo-tuberculeuse, développées au cou et à l'aisselle. Technique opératoire.*

(Mémoire lu au Congrès français de chirurgie, session de 1888, et à la Société de Médecine d'Angers, 1888.)

Ce mémoire, basé sur dix-huit observations, permet d'établir les conclusions suivantes : les adénites chroniques développées dans les régions cervicales et axillaires, qui persistent ou augmentent malgré la médication interne généralement acceptée, doivent être considérées comme des néoplasmes tendant à se généraliser ; néoplasmes démontrés aujourd'hui comme de nature tuberculeuse. Leur ablation est indiquée et doit être pratiquée par l'extirpation.

L'acte opératoire, même quand il est très étendu et qu'il est exécuté dans des régions remplies d'organes importants, cou, aisselle, est exempt de danger, mais à la condition d'être effectué méthodiquement et avec l'antisepsie la plus scrupuleuse.

Cette intervention chirurgicale a eu pour résultat, le relèvement rapide de la constitution et la disparition complète d'une affection, menaçant d'envahir le système lymphatique viscéral.

Les observations les plus probantes ont été publiées dans la thèse du Dr Ecot (Thèses de la Faculté de Médecine de Paris, 1886). Le cas le plus remarquable a été communiqué par l'auteur, à la Société de Médecine d'Angers et au Congrès français de chirurgie, session de 1888. L'hypertrophie ganglionnaire avait acquis le volume d'une tête d'adulte, occupait toute la région antéro-latéral gauche du cou, et descendait à cinq centimètres au-dessous de la clavicule.

7. *Thorax. Contribution à l'étude de la thoracoplastie ou traitement de l'empyème chronique par la réfection costale, l'abrasion et le drainage.*

(Mémoire présenté à l'Académie de Médecine et renvoyé à une Commission composée de MM. Richet, Lannelongue et Polaillon.)

La thoracoplastie ou résection des côtes est une innovation à la fois récente et très utile, dans le traitement de l'empyème chronique avec fistule. Letiévant en France et Estlander à l'étranger en sont les promoteurs. En principe, l'opération de la thoracoplastie a pour but de favoriser l'affaissement vers le poumon de la paroi mobile et rigide de l'abcès pleural, en faisant subir aux côtes une solution de continuité ou une perte de substance plus ou moins étendue.

Mais combien doit-on intéresser d'arcs osseux? Dans quelle proportion doit-on agir sur chacun d'eux? Enfin, faut-il limiter son action à l'élément osseux des parois thoraciques et épargner la plèvre adjacente? A ces questions, le succès que venait d'obtenir M. Vaslin, lui permettait de répondre par les conclusions suivantes :

1° Résection costale restreinte ;

**

2° Ouverture concomitante de la plèvre dans une étendue correspondante à celle du plan osseux ;

3° Abrasion et drainage du foyer pleural, surtout lorsqu'il est pluri-loculaire.

La Commission, nommée par l'Académie, émet sur ce travail l'appréciation suivante [1] :

« La thoracoplastie comprend deux procédés, qui ont chacun leur indication clinique particulière : le procédé d'Estlander ou résection costale étendue respectant la plèvre, pour les empyèmes anciens très vastes, avec organisation des fausses membranes en tissu dur et épais, et le procédé de Letiévant ou résection costale restreinte avec ouverture de la plèvre, pour les empyèmes récents, peu volumineux, cloisonnés en plusieurs loges, tapissés par des fausses membranes molles et mal organisées. Dans ce dernier cas la mobilisation de la paroi thoracique n'est pas la seule condition de guérison. M. Vaslin a démontré, qu'il fallait y ajouter l'abrasion des fausses membranes, non pas avec une curette tranchante, mais avec un instrument mousse incapable de produire un saignement dangereux pour ce malade. Enfin dans les thoracoplasties restreintes, aussi bien que dans les thoracoplasties étendues, le drainage et les pansements antiseptiques sont absolument de rigueur.

8. *De la conduite à suivre dans les blessures par coup de feu des cavités viscérales. — Question mise à l'ordre du jour de la troisième session du Congrès français de chirurgie, mars 1888.*

(Compte rendu de la *Gazette hebdomadaire de médecine et de chirurgie.*)

Résumant tous les faits qui avaient été soumis à

[1] Séance du 19 janvier 1886, *Bulletin de l'Académie de Médecine.*

son observation pendant la guerre franco-allemande de 1870 et ceux qu'il a vus depuis cette époque, M. Vaslin distingue pour les coups de feu de l'abdomen, deux variétés de plaies très graves, suivant que l'agent vulnérant est un éclat d'obus ou une balle.

1° L'éclat d'obus déchire largement les parois abdominales et par cette ouverture, les intestins s'échappent en plus ou moins grande quantité, sans solution de continuité de leurs tuniques. Il est indiqué de faire la toilette du péritoine et de pratiquer une suture profonde et superficielle des parois abdominales. Deux observations de guérison de semblables lésions, tirées de sa pratique civile, prouvent, d'après l'auteur, que le même succès peut être obtenu sur le champ de bataille, si des soins identiques sont prodigués à temps, c'est-à-dire, immédiatement après la blessure ;

2° Une balle en pénétrant dans la cavité abdominale, produit les plus graves désordres : désordres caractérisés par des déchirures complètes de l'intestin grêle, perpendiculaires à son axe, si le trajet du projectile est antéro-postérieur, très obliques et comprenant huit à dix centimètres de longueur des tuniques intestinales, si la direction de la balle est transversale d'un flanc à l'autre. Le gros intestin est seulement troué. Ces lésions intestinales sont rapidement mortelles et ne sont curables qu'à la condition : 1° de pratiquer la laparatomie ; 2° de dévider tout l'intestin grêle pour reséquer les portions lésées et rétablir sa continuité, par la suture de Lambert ou de Gely ; 3° de se borner pour les plaies du gros intestin à en suturer les bords.

Ces indications M. Vaslin a eu occasion de les remplir avec succès chez un jeune homme de vingt-trois ans, atteint de perforation de l'intestin grêle et du gros intestin par une balle de revolver. C'est la première guérison obtenue, sur les cinq laparatomies pratiquées en France, pour ce genre de traumatisme.

Moins heureux dans un cas de corps étranger, projectile du poids de 200 grammes inclus depuis trente ans dans la fosse iliaque gauche, le même opérateur, après avoir décrit la technique opératoire pour son extraction, arrive aux conclusions suivantes : Un projectile métallique, sphérique, très volumineux (12 centimètres de circonférence) peut pénétrer dans la profondeur de la fosse iliaque interne. Après avoir été toléré pendant fort longtemps, trente ans, il peut engendrer des accidents locaux et généraux d'intolérance, qui nécessitent une intervention. Alors il est indiqué :

1° De drainer la fosse iliaque interne, en employant l'incision inguinale comme contre-ouverture pour favoriser l'écoulement du pus ;

2° D'utiliser la nouvelle voie formée à l'aine par le drainage, pour reconnaître la situation du projectile et l'extraire.

9. *Entérotomie pour occlusion intestinale.*

(*Bulletin de la Société de Médecine d'Angers*, 1874 et 1888.)

Communication sur deux cas d'entérotomie, pour occlusion intestinale, siégeant sur le gros intestin et ayant pour cause, dans un cas l'accumulation de matières, que la médication interne n'avait pu dissoudre, dans l'autre une dégénérescence des parois du colon descendant. L'opération, pratiquée suivant la méthode de Littré, a fait cesser rapidement les accidents de l'occlusion et procuré une survie de plusieurs mois.

10. *Cure radicale de la hernie. Opération suivant la nouvelle méthode. Guérison.*

(*Bulletin de la Société de Médecine d'Angers*, 1888.)

La cure radicale de la hernie, discutée depuis longtemps, n'est entrée dans la pratique de la chirurgie en France, que depuis quelques années. La méthode consiste dans l'isolement du sac et son ablation complète, après en avoir suturé le collet. M. Vaslin l'a appliquée, avec succès, chez un enfant de seize mois, atteint de hernie inguinale gauche, très volumineuse, causant des troubles digestifs très graves et ne pouvant être contenue par aucun bandage.

11. *Calcul vésical, traité par la lithotritie, chez un enfant de treize ans. Guérison.*

(*Bulletin de la Société de Médecine d'Angers*. 1873.)

Dans le traitement des calculs vésicaux, si la taille est encore considérée comme méthode de choix pour l'enfant, cette observation démontre par contre, que la lithotritie, à l'âge de douze à treize ans, peut être exécutée avec autant de sécurité que chez l'adulte.

12. *Fongus bénin du testicule.*

(*Gazette des Hôpitaux*, 1868.)

Observation recueillie dans le service du Dr Foucher, à l'hôpital Saint-Louis, suivie de réflexions sur la nature de cette affection.

BIBLIOTHÈQUE NATIONALE R.F. IMPRIMÉS

13. *Hématocèle vaginale spontanée.*

(*Bulletin de la Société de Médecine d'Angers*, 1873.)

Considérations sur la pathogénie et le traitement de l'hématocèle vaginale spontanée, par le *drainage*, avec plusieurs observations de guérison par ce procédé.

14. *Hématocèle peri-utérine, volumineuse, traitée et guérie par la ponction aspiratrice capillaire.*

(Observation lue à la Société de Médecine d'Angers et publiée in-extenso dans la thèse de M. le Dr Cotelle, intitulée de *l'Hématocèle peri-utérine et son traitement par la ponction aspiratrice.* — Faculté de Paris, 1877.)

Suivant Nélaton, Nonat et beaucoup d'autres auteurs, l'intervention chirurgicale n'est applicable aux hématocèles intrapéritonéales enkystées, que dans le cas, où la poche, ayant acquis un volume excessif, cause des accidents locaux et généraux, qui mettent en danger la vie de la malade. Alors l'évacuation du liquide était faite par une ponction avec le bistouri ou le trocart ordinaire. Cette pratique était parfois suivie d'accidents septicémiques mortels déterminés par la pénétration de l'air dans le foyer sanguin. C'est pour prévenir ces complications que M. Vaslin a eu l'idée d'employer la ponction aspiratrice capillaire. Le succès a justifié ce moyen. Moyen infiniment préférable aux autres ; car il permet de ramener la poche hématique dans les conditions favorables à la résorption des parties solides, caillots et fausses membranes, en évitant l'introduction de l'air et de ses ferments nuisibles.

15. *Plaie par écrasement de la main, traitée et guérie par l'irrigation continue d'eau froide.*

(Communication faite à la Société de Médecine d'Angers, 1876. Présentation du mutilé.)

Par suite de la chute d'une masse de fer sur la main gauche, les trois derniers doigts et leurs métacarpines correspondants avaient été complètement détruits ainsi que l'extrémité de l'indicateur. Devait-on pratiquer la désarticulation du poignet ou tenter la conservation de la portion digito-palmaire restée intacte ? L'hésitation était permise. Grâce à l'irrigation d'eau froide (15 degrés centigrades), continuée pendant vingt-deux jours, on put conserver, sans aucune complication, une sorte de demi-main munie du pouce et de l'indicateur, jouissant de tous leurs mouvements. Ce fait est un exemple remarquable de l'efficacité de l'irrigation continue de l'eau froide dans les traumatismes des extrémités.

16. *Résection totale du cinquième métacarpien gauche.*

(*Bulletin de la Société de Médecine d'Angers*, 1886.)

Ostéomyélite du cinquième métacarpien gauche chez un enfant de douze ans, menaçant d'envahir les autres métacarpiens et les os du carpe. Traitement par la résection totale du cinquième métacarpien. Guérison avec conservation de tous les mouvements du petit doigt, grâce à la reproduction partielle de l'os enlevé et de l'articulation métacarpo-phalangienne. Ce fait clinique démontre non seulement l'importance de l'intervention chirurgicale, qui a arrêté la marche envahissante de l'ostéomyélite, mais encore la valeur réelle de la résection pratiquée : opération à laquelle on faisait cette objection, purement théorique, qu'après l'ablation totale du cinquième métacarpien, le petit doigt ne devait être d'aucune utilité, son unique point d'appui étant détruit.

17. *Ostéosarcôme à forme pulsatile de l'extrémité inférieure du fémur gauche. Amputation de cuisse au tiers supérieur.*

(Observation lue à l'Académie de Médecine, séance du 5 avril 1885, et renvoyée à une Commission composée de MM. Tillaux, Marc Sée et Polaillon.)

Cette observation démontre :

1° Qu'avec des moyens, antiseptiques et hémostatiques appropriés, l'amputation de cuisse au tiers supérieur peut être pratiquée avec succès chez le vieillard ; l'opéré était âgé de soixante-douze ans ;

2° Que cette amputation, moins grave que la désarticulation de la hanche, peut être avantageusement substituée à cette dernière, dans les dégénérescences cancéreuses de la diaphyse fémorale, car huit mois après l'opération, la santé générale était excellente et il n'y avait pas trace de récidive dans le moignon.

Conclusions adoptées par la Commission nommée par l'Académie de Médecine.

18. *Procédé de perfectionnement de la désarticulation du genou ou d'amputation femoro-condylienne, au-dessous du cartilage épiphysaire.*

(Mémoire présenté à l'Académie de Médecine, par M. le professeur Richet, et publié in-extenso dans la *Gazette hebdomadaire de Médecine et de Chirurgie*, 1884.)

Exécutée suivant les méthodes et procédés qui

consistent à laisser intactes les surfaces articulaires de la rotule, la désarticulation du genou exposait aux plus graves accidents. Enlever la rotule et les condyles fémoraux, jusqu'au niveau du fond de l'échancrure intercondylienne, c'est transformer la vaste surface articulaire, irrégulière, anfractueuse encroûtée de cartilage voué à la nécrose, en un plan osseux uni, comme celui d'une section osseuse en pleine diaphyse et offrant par suite les mêmes avantages sous le rapport de la netteté et de la régularité : c'est conserver le cartilage de conjugaison renfermant les éléments d'allongement de l'extrémité inférieure du fémur : c'est en même temps respecter le canal médullaire de cette grande diaphyse et la préserver autant que possible de l'ostéomyélite.

Ce procédé a été exécuté le 19 octobre 1884, sur un enfant de onze ans et demi, atteint de destruction du jarret de la cuisse droite. Malgré une complication de tétanos, la guérison fut complète.

Les résultats cliniques de cette opération pratiquée pour la première fois, furent très satisfaisants et permirent de formuler les conclusions suivantes :

Le procédé d'amputation femoro-condylienne, au-dessous du cartilage épiphysaire, semble indiqué de préférence aux autres méthodes de désarticulation fémoro-tibiale et à l'amputation de l'extremité inférieure de la cuisse, suivant les procédés de Gritti et Carden, principalement chez l'enfant et l'adolescent, lorsque l'ablation de la jambe est jugée nécessaire et qu'il existe des parties molles en quantité suffisante, pour tailler un grand lambeau antérieur et un petit lambeau postérieur.

19. *Redressement d'une ankylose fibreuse angulaire du genou gauche avec subluxation de la rotule et de la jambe en dehors.*

(*Bulletin de la Société de Médecine d'Angers*, 1888.)

Un homme, âgé de trente-quatre ans, était atteint depuis douze ans, d'une ankylose du genou gauche, consécutive à une arthrite traumatique suppurée. La jambe était fléchie sur la cuisse à angle obtus, et cette flexion produisait un raccourcissement de 15 centimètres, par rapport au membre sain. La rotule était luxée sur le condyle externe. Quelques mouvements de glissement existaient encore entre les surfaces articulaires. Le pied était dans l'équinisme, presque immobile, ainsi que les orteils. La marche s'effectuait à l'aide de deux béquilles. Après la section sous-cutanée de l'aponévrose du farcia-lata et du tendon du biceps, le membre est redressé *brusquement*. L'usage ultérieur d'un appareil orthopédique spécial, l'emploi simultané de l'électrisation et de l'hydrothérapie rétablissent les mouvements articulaires dans des conditions telles que la jointure malade a recouvré une motilité aussi étendue que celle du côté sain.

Ce fait prouve que l'ankylose fibreuse angulaire du genou, avec déplacement des surfaces articulaires, peut parfois, malgré son ancienneté, être radicalement guérie par les moyens préconisés.

20. *Résections orthopédiques dans deux cas de pied-bot équin invétéré chez l'adulte.*

(Question à l'ordre du jour de la deuxième session du Congrès français de chirurgie, 1886. Présentation des plâtres avant et après l'opération. *Bulletin du Congrès.*)

L'application des résections osseuses pour le redressement des pieds-bots invétérés est encore de date récente en France. Dans la première et la seconde enfance, les appareils orthopédiques et les manipulations suffisent le plus souvent pour obtenir de bons résultats. Mais chez l'adulte, il arrive que le chirurgien est obligé d'enlever ou de sectionner un ou plusieurs os du squelette du pied pour restituer à cette région sa forme et ses fonctions normales.

L'utilité de ces interventions chirurgicales est démontrée par les deux faits suivants :

Premier fait. Un jeune homme de vingt-six ans, atteint de pied-bot varus équin, congénital gauche, rendant la marche impossible, subit, en octobre 1885, l'opération suivante : Ablation de l'astragale, avec ténotomie du tendon d'Achille; la malléole externe et le ligament latéral interne de l'articulation tibio-tarsienne sont laissés intacts. Les résultats définitifs de cette résection sont des plus satisfaisants. L'articulation nouvelle tibio-tarsienne est constituée par l'enclavement du calcanéum dans la mortaise tibio-péronéale; le pied forme, avec la jambe, l'angle droit et porte sur le sol par toute l'étendue de sa surface plantaire. L'opéré peut parcourir de grandes distances avec une chaussure ordinaire.

Deuxième fait. Une jeune fille de dix-sept ans était atteinte, depuis sa naissance, de pied-bot varus équin gauche, avec incurvation des deux derniers métatarsiens et renversement, sous la plante du pied, des deux derniers orteils. La marche était impossible. La correction de l'équinisme et du varus est obtenue par la ténotomie du tendon d'Achille et du ligament latéral interne de l'articulation tibio-tarsienne; l'incurvation de l'avant-pied, compliquée de renversement des orteils, est combattue par l'ostéotomie des deux derniers métatarsiens et une autoplastie plantaire. A ces actes opératoires, on joignit l'usage d'un appareil orthopédique spécial, le massage et l'électrisation. Le traitement, commencé en mars 1886, a rendu au pied déformé, dans l'espace de quatre mois, sa configuration et ses fonctions normales et l'opérée marche facilement.

21. *Traitement orthopédique des différentes espèces de pied-bot (paralytique, équin, varus équin et valgus.*

(Mémoire lu à la Société de Médecine d'Angers, séances de janvier et d'août 1888.)

Parmi les déformations consécutives à la paralysie essentielle de l'enfance, celles des membres inférieurs et de leurs extrémités sont fréquentes : on observe les différentes espèces de pied-bot avec leurs caractères et leur conséquence. La marche n'est possible qu'à l'aide de béquilles et semble devoir être celle de toute la vie. Cependant l'auteur est parvenu à restituer à l'extrémité plantaire une configuration et des propriétés physiologiques suffisantes pour la rendre propre à la déambulation. Il rapporte huit observations avec photographie ou moulage avant et après le redressement. Les résultats obtenus sont très satisfaisants. Le cas le plus intéressant, à cause de sa rareté, de sa complexité, est celui d'un jeune homme de seize ans, présenté, après guérison, à la Société de Médecine en janvier 1888. Par suite d'amyotrophie des membres inférieurs, il était atteint de flexion permanente des deux genoux, avec pied-bot varus équin double. Dans cette attitude, voisine de celle d'un cul-de-jatte, il ne mesurait que $1^{m},27$ et pouvait à peine se mouvoir. Redressé, sa taille était de $1^{m}.62$ et la marche s'exécutait facilement.

Le traitement de ces différentes infirmités est basé sur trois indications : 1° Restituer à l'extrémité déformée sa configuration par une intervention chirurgicale plus ou moins profonde et multipliée : section sous-cutanée des tendons, des ligaments, des aponévroses, massage forcé ; 2° Maintenir, par un appareil orthopédique approprié, la rectitude obtenue ; 3° Employer l'électrisation, l'exercice gymnastique et l'hydrothérapie pour réparer l'akinésie, c'est-à-dire les désordres musculaires et nerveux du pied et de la jambe, et parfois de tout le membre inférieur.

22. *Coup de feu au pied droit compliqué de la présence du projectile : extraction.*

(Observation lue à la Société de Médecine d'Angers, en juillet 1888.)

Ce fait est l'application du précepte admis par la majorité des chirurgiens, savoir : que dans les blessures par armes à feu, on doit éviter, autant que possible, de laisser au sein des tissus les projectiles, même quand ils sont de petit volume. Un jeune homme de dix-neuf ans se tire par mégarde un coup de revolver dans le pied droit. La balle pénètre, par la face dorsale, à l'extrémité postérieure du quatrième espace métatarsien. Il n'existait qu'un orifice d'entrée. Les premières recherches du projectile, demeurées sans résultat, ne pouvaient être poursuivies sans augmenter outre mesure le traumatisme et l'inflammation survenue immédiatement ; on eut recours au drainage du quatrième espace métatarsien. Au bout de quelques semaines de suppuration exempte de septicité, la balle se présenta spontanément à la contre-ouverture plantaire. Elle avait la forme d'un coin à fendre le bois : déformation produite par son enfoncement et son arrêt entre les deux derniers métatarsiens.

23. *Tétanos : cause, nature et traitement.*

(Question à l'ordre du jour de la deuxième session du Congrès français de chirurgie, 1886. *Bulletin du Congrès.*)

Le tétanos traumatique constitue encore l'accident le plus redoutable consécutif aux solutions de continuité, grandes ou petites. Sur 17 cas que M. Vaslin a observés, il n'a obtenu qu'une seule guérison. Sur 22 cas qui lui ont été communiqués, il ne compte qu'une seule guérison. En somme, deux guérisons sur 39 cas. Passant en revue les causes du tétanos, influence de la température, défaut de soins, nature de la blessure, virus ou germes infectieux, origine équine, état nerveux spécial, M. Vaslin reconnaît que celui qu'il a réussi à guérir était d'origine nerveuse, car les accidents tétaniques avaient éclaté à la suite d'une émotion très vive, le onzième jour du traumatisme, chez un enfant atteint de fracture de la cuisse droite et d'amputation intra-condylienne du côté opposé. Cette forme de tétanos est curable par l'isolement, le chloral, la morphine, des conditions hygiéniques excellentes et une alimentation très surveillée. Elle n'entrave en aucune façon les réparations des lésions traumatiques les plus graves, ainsi que le démontre sur le sujet la consolidation de la fracture, la bonne conformation du moignon et le développement régulier du fémur, dont la section a été opérée au-dessous du cartilage épiphysaire.

HYGIÈNE CHIRURGICALE

Discours, sur la prophylaxie de la septicémie, prononcé à la rentrée de l'École de Médecine d'Angers, novembre 1878.

(Publié sous forme de brochure et offert à l'Académie de Médecine.)

Exposer la doctrine de la septicémie chirurgicale et les moyens de la prévenir, telle était la tâche que l'auteur se proposait de remplir.

Dans une première partie, il fait l'historique de cette grande question et définit la septicémie chirurgicale en la considérant suivant les opinions admises à cette époque, comme une intoxication ayant une double origine : la septicémie autochtone et la septicémie hétérochtone. Dans la septicémie autochtone, le principal morbide se développe dans la plaie, passe dans le sang et l'altère au point de le rendre impropre à la vie. La nature du virus septique, les voies et le mécanisme de son absorption, l'étude clinique et expérimentale de ses effets et de sa genèse sont longuement décrits. Après l'infection par les produits de la plaie, celle déterminée par la viciation de l'air (septicémie hétérochtone) est traitée avec tous les documents que comportaient nos connaissances à cette époque, où les découvertes de l'illustre Pasteur n'avaient pas encore reçu leur sanction.

De la pathogénie ainsi exposée découlent les indications prophylactiques et thérapeuthiques à remplir envers le blessé. Elles font l'objet de la seconde partie du discours. Considérant, dans son ensemble, la plaie, le milieu ambiant et l'état général du patient, l'auteur démontre qu'il faut :

1° Aviser au meilleur mode de pansement pour prévenir l'infection par la plaie, c'est-à-dire conjurer la septicémie autochtone ;

2° Aérer le milieu où vit et respire le blessé pour le soustraire à l'empoisonnement par la viciation de l'air, c'est-à-dire empêcher la septicémie hétérochtone ;

3° Combattre par une médication et un régime appropriés, toutes les causes de dépression de l'organisme, susceptibles de favoriser le développement des accidents septicémiques.

BIBLIOTHÈQUE NATIONALE R.F. IMPRIMÉS

ANGERS, IMPRIMERIE LACHÈSE ET DOLBEAU.

19

www.ingramcontent.com/pod-product-compliance
Ingram Content Group UK Ltd.
Pitfield, Milton Keynes, MK11 3LW, UK
UKHW020227180726
13838UKWH00005B/2246

9 782329 373874